CAISSE DES DÉPÔTS ET CONSIGNATIONS.

INSTRUCTION GÉNÉRALE

SUR LE SERVICE

DES SUCCESSIONS DE MILITAIRES

ET DES FONDS DE MASSE

DES MILITAIRES CONGÉDIÉS.

PARIS.

IMPRIMERIE NATIONALE.

M DCCC LXXIX.

INSTRUCTION GÉNÉRALE

SUR LE SERVICE

DES SUCCESSIONS DE MILITAIRES

ET DES FONDS DE MASSE

DES MILITAIRES CONGÉDIÉS.

INSTRUCTION GÉNÉRALE

SUR LE SERVICE

DES SUCCESSIONS DE MILITAIRES

ET DES FONDS DE MASSE

DES MILITAIRES CONGÉDIÉS.

PARIS.

IMPRIMERIE NATIONALE.

M DCCC LXXIX.

INSTRUCTION GÉNÉRALE

SUR LE SERVICE

DES SUCCESSIONS DE MILITAIRES

ET DES FONDS DE MASSE

DES MILITAIRES CONGÉDIÉS.

CHAPITRE PREMIER.

DISPOSITIONS GÉNÉRALES.

Art. 1er. La Caisse des dépôts et consignations est chargée de recevoir :

1° Les sommes dues à des officiers décédés à leur corps, aux armées ou dans les hôpitaux ;

2° Les sommes en numéraire ou les titres et valeurs appartenant à des officiers et soldats qui seraient décédés dans les hôpitaux et dans les prisons, ou qui s'en seraient évadés, ainsi que le produit de la vente des effets qu'ils ont laissés ;

Décret du 23 septembre 1806. — Loi du 28 avril 1816 (art. 110).— Loi du 28 juillet 1875.

Règlement général sur le service des hôpitaux militaires du 1er avril 1831 (annexe 1). Ordonnance du 10 mai 1844 (annexe 2).

Règlement général du 1er avril 1831 (art. 935 et 936).

Circulaires de la Direction générale de la comptabilité publique des 8 novembre 1875 (§ 1) et 28 juillet 1876 (§ 5).

3° Le montant des mandats délivrés par l'Intendance pour reliquat de solde, au nom des héritiers d'officiers sans troupe, et non payés avant l'expiration de l'exercice;

Décision du Président de la République du 3 août 1878.

4° La somme revenant, pour indemnité de rengagement, à la succession d'un sous-officier rengagé en vertu de la loi du 22 juin 1878;

Ordonnance du 10 mai 1844 (art 173-175).

5° Les fonds de masse des militaires qui, à l'époque de leur libération, sont en congé illimité ou absents du corps;

Ordonnance du 10 mai 1844 (art. 174).

6° Les fonds de masse des hommes définitivement libérés du service et décédés sans que le payement leur ait été fait;

Décision du Ministre de la guerre du 22 décembre 1845.

7° Les parts de prises sur l'ennemi revenant à des militaires libérés du service.

Successions de militaires appartenant à des corps spéciaux.

Art. 2. Les dispositions du règlement général sur le service des hôpitaux du 1ᵉʳ avril 1831 et de l'ordonnance du 10 mai 1844 ont été étendues, par des décisions postérieures, aux successions :

Ordonnance du 23 janvier 1833.

1° Des militaires invalides;

Dépêche du Ministre de la guerre du 15 septembre 1836.

2° Des infirmiers militaires entretenus;

3° Des sapeurs-pompiers de la ville de Paris;

4° Des employés militaires;

Décision du Ministre de la guerre du 18 juin 1838.

5° Des militaires des compagnies de discipline décédés après leur libération, pour l'excédent du complet de masse dont le payement n'est qu'ajourné et qui, par conséquent, demeure acquis à leur succession;

Dépêche du Ministre de la guerre du 16 mars 1843.

6° Des spahis, *sans distinction d'origine;*

Règlement sur l'administration et la comptabilité de la gendarmerie du 18 février 1863 (annexe 3).

7° Des gendarmes décédés ou disparus, prisonniers de guerre ou déserteurs.

Ouverture de compte.

Art. 3. Ces diverses sommes sont portées à un compte ouvert sous le titre de : *Militaires décédés ou congédiés.*

CHAPITRE II.

MILITAIRES DÉCÉDÉS.

État nominatif à remettre à l'appui d'un versement.

Art. 4. A l'appui de chaque versement, il est remis au préposé de la Caisse des dépôts et consignations un état comprenant les nom, prénoms, grade du militaire et la date de son décès, avec indication du montant et de l'origine de la somme versée.

Les trésoriers-payeurs généraux établissent dans la même forme un état pour les versements qu'ils effectuent d'office, en fin d'exercice, du montant des mandats délivrés pour reliquat de solde du à des officiers sans troupe décédés.

Ces états nominatifs sont transmis à la Direction générale avec le relevé mensuel des recettes.

Procès-verbal de vente d'effets.

Art. 5. Le versement à effectuer par les officiers d'administration comptables des hôpitaux militaires, et provenant de la vente d'effets appartenant à des officiers ou assimilés et à des sous-officiers et soldats, doit être accompagné de deux expéditions du procès-verbal de vente, dont une est rendue à l'officier comptable par le préposé de la Caisse des dépôts, après que ce dernier y a constaté le versement.

Règlement général sur le service des hôpitaux militaires du 1ᵉʳ avril 1831 (art. 945 et 946).

Successions bénéficiaires ou vacantes.

Art. 6. Les sommes versées par les *régiments,* les *hôpitaux civils ou militaires ou le Trésor,* et provenant de successions bénéficiaires ou vacantes de militaires, doivent être portées au compte *Militaires décédés;* mais si c'est un *autre débiteur* qui effectue le dépôt, la marche à suivre est la même que celle tracée pour les successions civiles, et la somme figure au compte *Consignations judiciaires ou administratives.*

Valeurs mobilières trouvées au décès d'un militaire.

Art. 7. S'il se trouve dans la succession d'un officier ou d'un soldat

Loi du 28 juillet 1875.

des valeurs mobilières, telles que : titres de rente nominatifs ou au porteur et autres valeurs créées par l'État, titres d'emprunts des villes, communes et établissements publics, obligations, actions, reconnaissances, billets, effets de commerce, bons à échéance fixe et bons de liquidation, livrets de caisse d'épargne, et enfin les valeurs étrangères, les préposés doivent se conformer, en ce qui concerne le mode d'envoi, aux dispositions de l'article 88 de l'Instruction générale du 15 octobre 1877 sur le service et la comptabilité des trésoriers-payeurs généraux, et ne passer aucune écriture sur les avis décadaires et relevés mensuels, etc..., ces valeurs étant centralisées à Paris.

Récépissés.

Art. 8. Les récépissés à délivrer par les préposés sont soumis au droit de timbre de 10 centimes, lorsque les sommes versées sont supérieures à 10 francs (loi du 23 août 1871).

Dépêche du Ministre des finances du 25 janvier 1876.

Par exception, ces récépissés sont exempts du droit de timbre lorsqu'ils ont pour objet le versement à la Caisse des dépôts du produit de successions de marins qui aurait été préalablement encaissé par le Trésorier général des Invalides de la marine, pour le compte de la Caisse des gens de mer.

Significations d'oppositions.

Art. 9. Les significations d'oppositions, remises lors du versement ou faites au préposé, doivent être adressées à la Direction générale avec les autres pièces qui accompagnent le dépôt.

Après l'envoi du relevé mensuel sur lequel figure le versement, les oppositions *ne peuvent plus être signifiées qu'à la Direction générale, à Paris.*

Autorisation nécessaire pour tout remboursement.

Art. 10. Les sommes reçues au compte *Militaires décédés* ne sont remboursées qu'en vertu d'une *autorisation spéciale* de la Direction générale délivrée sur la demande des héritiers, après examen des pièces établissant leurs droits.

Certificat de propriété à fournir par les héritiers.

Art. 11. A l'appui de la demande, les héritiers produisent, pour les sommes de 5o francs et au-dessous, un certificat de propriété, conforme au modèle n° 1, délivré sur *papier libre* par le maire, dont la signature est légalisée par le préfet ou le sous-préfet.

Lorsqu'il s'agit de sommes supérieures à 5o francs, le certificat doit être rédigé *sur papier timbré,* par le juge de paix du dernier domicile du défunt ou par le notaire dépositaire de la minute de l'inventaire, suivant les indications contenues dans l'annexe 4, ci-après.

Timbre de quittance.

ART. 12. La quittance constatant le payement du produit d'une succession de militaire est soumise au droit de timbre de 1o centimes, lorsque la somme est supérieure à 1o francs.

Il y a lieu de distinguer toutefois si la succession est restée indivise entre tous les héritiers, ou si elle a fait l'objet d'une liquidation ou d'un partage en vertu duquel chacun des héritiers est devenu propriétaire *distinct et définitif.*

Dans le premier cas, il n'est dû qu'un seul droit de timbre, et dans le second, il est dû autant de droits de timbre qu'il y a d'héritiers *attributaires donnant quittance.*

Circulaire de la Direction générale de la comptabilité publique du 6 mai 1874.

Quittance à donner par les héritiers illettrés.

ART. 13. La quittance que doivent donner les héritiers illettrés est passée, aux frais des intéressés, par-devant notaire, toutes les fois que la somme à payer excède 15o francs.

Lorsqu'elle est de 15o francs ou au-dessous, le payement peut être fait en présence de deux témoins qui signent la quittance, et dont les signatures sont certifiées par le comptable qui effectue le payement. (Annexe 4, § 5.)

Péremption des autorisations de payement.

ART. 14. Les autorisations de payement concernant soit des produits de successions, soit des mandats de masse appartenant à des militaires décédés depuis leur libération, et qui n'ont point été acquittées au 31 mars de l'année qui suit celle dans laquelle elles ont été délivrées, doivent être considérées comme nulles et renvoyées à la Direction générale.

Le réordonnancement au profit des héritiers ne peut avoir lieu que sur leur demande, adressée à la Direction générale et accompagnée de la lettre d'avis de payement.

CHAPITRE III.

MILITAIRES CONGÉDIÉS.

Versements de fonds de masse.

Ordonnance du 10 mai 1844 (annexe 2).

Art. 15. Les trésoriers des corps de troupes doivent verser à la Caisse des dépôts et consignations, pour le compte *Militaires décédés ou congédiés*, les fonds de masse :

1° Des militaires des armées de terre et de mer en congé illimité ou absents du corps au moment de leur libération ;

2° Des hommes définitivement libérés, décédés avant le payement.

Fonds de masse de militaires passant d'un corps dans un autre.

Art. 16. Les fonds de masse appartenant à des militaires qui passent du service métropolitain dans le service colonial, ou qui changent de corps, sont transmis, *pour le compte du Trésor public*, au moyen de mandats émis conformément aux articles 733, 737 et 739 de l'Instruction générale sur la comptabilité publique du 20 juin 1859.

État nominatif à remettre à l'appui des versements de fonds de masse.

Art. 17. Chaque versement de fonds de masse est appuyé d'un état nominatif, établi conformément au modèle n° 2 et présentant, par départements, classés dans l'ordre alphabétique, les noms des militaires inscrits dans le même ordre.

Cet état, certifié par les membres du conseil d'administration et visé par le sous-intendant militaire, est adressé *sans délai* à la Direction générale par le préposé, qui doit y constater, par une déclaration spéciale, la date et le montant du versement.

Récépissés.

Art. 18. Les récépissés à délivrer pour versements de fonds de masse de militaires congédiés sont exempts du droit de timbre de 10 centimes.

Avis du Ministre des finances du 19 février 1877.

Émission des mandats de masse.

Art. 19. Les mandats de masse délivrés par les corps sont adressés au sous-intendant chargé du service du recrutement dans le département où les militaires se sont retirés, à la charge par ce fonctionnaire de les faire remettre aux intéressés par l'intermédiaire du maire de leur commune.

Ces mandats ne sont payables que quarante jours après leur date, par le préposé de l'arrondissement dans lequel est situé le lieu indiqué sur le mandat, comme étant le domicile du militaire congédié.

Le payement ne peut avoir lieu qu'en vertu d'une autorisation spéciale, envoyée par la Direction générale, après qu'elle a reçu l'état nominatif dont il est question à l'article 17.

Arrêté du Ministre de la guerre du 19 juin 1875.

Payement en cas de changement de domicile.

Art. 20. Le payement des fonds de masse dans une résidence autre que celle primitivement désignée ne peut être effectué qu'en vertu d'une autorisation délivrée par la Direction générale, à la suite d'une demande que l'intéressé ou le préposé lui adresse, en y joignant le mandat.

Cependant, si le nouveau domicile est situé dans le même département, le trésorier-payeur général peut ordonner le payement, sans qu'il soit besoin d'une nouvelle autorisation.

Duplicatas de mandats.

Art. 21. Toutes les fois que les duplicatas de mandats de masse ne mentionnent pas la date de la décision ministérielle qui en a autorisé l'émission, les préposés doivent surseoir au payement.

Payement au titulaire lui-même.

Art. 22. Si le titulaire se présente lui-même, le mandat est payé sur la production soit de son livret, soit de son congé, soit d'un certificat de bonne conduite ou de toute autre pièce émanant de l'autorité militaire, établissant son identité.

Payement à un titulaire illettré.

Art. 23. Lorsque le titulaire du mandat est illettré et si la somme à payer est de 150 francs ou au-dessous, le payement s'effectue en présence de deux témoins dont les signatures sont certifiées par le comptable.

Mais si le payement est supérieur à 150 francs, la quittance doit être passée devant notaire, aux frais de l'intéressé.

Payement à un mandataire.

Art. 24. Quand le mandat est présenté par un tiers, le payement ne peut être fait que sur la remise d'une procuration, soit notariée, soit sous seing privé. Dans ce dernier cas, la signature du mandant est légalisée par le maire, et celle de ce magistrat par le préfet ou le sous-préfet.

La procuration est enregistrée si la somme à payer est supérieure à 50 francs.

Payement aux héritiers du titulaire.

Art. 25. Si le titulaire décède sans avoir touché le montant de sa masse, ses héritiers produisent le mandat à l'appui de la demande de payement qu'ils adressent à la Direction générale.

Pour toute somme de 50 francs et au-dessous, il suffit de faire remplir par le maire la formule de certificat qui se trouve au dos du mandat. La signature du maire doit être légalisée par le préfet ou le sous-préfet.

Chaque fois que le payement excède la somme de 50 francs, les héritiers justifient de leurs droits par la production des pièces désignées dans la note mise au bas du certificat (modèle n° 3).

Péremption des autorisations de payement.

Art. 26. Les autorisations de payement ne sont valables qu'autant que les mandats qu'elles concernent n'ont pas plus de trois ans de date.

Après ce délai, une nouvelle autorisation doit être demandée à la Direction générale, soit par l'intéressé, soit par le préposé de la Caisse des dépôts.

Renvoi mensuel des autorisations périmées.

Art. 27. Les trésoriers-payeurs généraux renvoient à la Direction générale, le premier jour de chaque mois, les autorisations individuelles ou collectives concernant des mandats délivrés par les corps depuis plus de trois ans.

Timbre de quittance.

Art. 28. La quittance constatant le payement d'un mandat de masse est soumise au droit de timbre de 10 centimes, lorsque la somme est supérieure à 10 francs. *Loi du 23 août 1871.*

Parts de prises sur l'ennemi.

Art. 29. Les dispositions qui précèdent relatives au versement et au payement des mandats de masse sont applicables aux parts de prises sur l'ennemi, auxquelles ont droit les militaires libérés du service ; seulement, sur les mandats délivrés par les corps, les mots : *Masses individuelles* sont remplacés par ceux-ci : *Produits de prises sur l'ennemi*. *Décision du Ministre de la guerre du 22 décembre 1845.*

Classement des mandats.

Art. 30. Les préposés classent les mandats qu'ils adressent à la Direction générale à l'appui de leurs relevés :

1° *Dans l'ordre indiqué par l'annexe 6 ;*

2° *Pour chaque série, par date d'émission et en suivant l'ordre alphabétique.*

Arrêté à Paris, le 30 novembre 1879.

Le Conseiller d'État, Directeur général,

Ad. DUFRAYER.

ANNEXES

DE L'INSTRUCTION GÉNÉRALE

SUR LE SERVICE DES SUCCESSIONS DE MILITAIRES

ET DES FONDS DE MASSE DES MILITAIRES CONGÉDIÉS.

3.

Annexe n° 1.

(Art. 1er, 2 et 5 de l'Instruction générale sur le service des successions de militaires.)

EXTRAIT

du Règlement général sur le service des hôpitaux militaires du 1er avril 1831.

CHAPITRE II.

DES EFFETS ET ARMES APPARTENANT AUX SUCCESSIONS. — AUTRES EFFETS APPARTENANT AUX SUCCESSIONS.

Art. 935. Les effets laissés par les sous-officiers et soldats décédés ou évadés, autres que ceux dont il est fait mention au chapitre Ier du présent titre, sont vendus, pour le produit en être versé, avec les deniers et autres valeurs, à la Caisse des dépôts et consignations, au nom des successions ou ayant cause. Ces ventes sont effectuées et constatées, et les versements à la Caisse des dépôts et consignations ont lieu suivant les formalités prescrites par les articles ci-après.

EFFETS DES OFFICIERS.

Art. 936. Il est procédé ainsi qu'il est prescrit à l'article précédent à l'égard de tous les effets d'habillement, d'équipement et d'armement des officiers et autres individus y assimilés, ainsi qu'à l'égard des deniers et autres valeurs dont ils ont fait le dépôt à leur entrée à l'hôpital.

PROCÈS-VERBAL DE VENTE.

Art. 944. — La vente est constatée par un procès-verbal dressé par le sous-intendant militaire (*modèle 56*) et dans lequel est porté distinctement, pour chaque décédé, le produit des objets vendus. Ce même procès-verbal doit relater en outre, à l'article qui concerne chacun des décédés, l'argent ou les valeurs qu'ils ont laissés, de manière à présenter le montant total dont le comptable de l'hôpital est responsable envers la succession.

VERSEMENT DU PRODUIT DES VENTES À LA CAISSE DES DÉPÔTS
ET CONSIGNATIONS.

ART. 945. Le montant total des successions porté au procès-verbal prescrit par l'article précédent est versé par le comptable, dans le délai de cinq jours, dans la caisse du receveur du lieu, au compte de la Caisse des dépôts et consignations, et au nom des successions. Le comptable remet au receveur deux expéditions du procès-verbal de vente, dont une lui est rendue après que le receveur y a apposé son récépissé. Ce récépissé est visé par le sous-intendant militaire. Aux armées, ces versements s'effectuent dans les caisses des payeurs, ainsi qu'il est prescrit en l'article 509 du présent règlement.

CAS OÙ DES MILITAIRES ÉVADÉS FIGURENT DANS LE PROCÈS-VERBAL
DE VENTE.

ART. 946. Si des militaires évadés de l'hôpital figurent dans le procès-verbal de vente, ils y sont portés sous un titre distinct, qui rappelle cette circonstance. Le procès-verbal indique, dans ce cas, la somme à verser dans la caisse du domaine pour remboursement des effets emportés par l'évadé, et celle à verser dans la Caisse des dépôts et consignations, conformément à l'article précédent. Ces versements sont effectués dans les diverses caisses, avec les formalités prescrites audit article.

Annexe n° 2.

(Art. 1, 2, 15 de l'Instruction générale sur le service des successions de militaires.)

EXTRAIT

de l'Ordonnance du 10 mai 1844.

. TITRE IX.

DE LA SOLDE ET DES ACCESSOIRES DE SOLDE.

CHAPITRE PREMIER.

DU TRAITEMENT DES OFFICIERS.

Art. 149. Le traitement acquis aux officiers décédés est versé, sous la déduction de la somme qu'ils peuvent devoir à l'État ou au corps, et, s'il y a lieu, des frais d'inhumation et de la dernière maladie entre les mains des receveurs des finances et des payeurs d'armée, au titre de la Caisse des dépôts et consignations, qui en demeure comptable envers les héritiers, conformément aux instructions arrêtées par le Directeur général de cette Caisse, de concert avec le Ministre de la guerre.

Versement à la Caisse des dépôts et consignations du traitement acquis aux officiers décédés.

Le décompte qui sert de base au versement, et à l'appui duquel doit rester le récépissé délivré au trésorier, fait connaître, le cas échéant, la cause de la différence entre le traitement intégral porté en dépense au registre-journal et la somme mentionnée dans ce récépissé.

Si la dette de l'officier décédé excède le montant de sa créance sur le corps, le conseil constate cette circonstance dans un décompte explicatif qu'il adresse immédiatement au sous-intendant militaire, et que celui-ci transmet, avec ses observations, à l'intendant de la division territoriale ou du corps d'armée, qui le fait parvenir au Ministre en donnant son avis sur la légalité des imputations mises à la charge de la succession. Au bas de ce décompte, doivent être indiqués le dernier domicile du défunt et, autant que possible, celui des héritiers.

Un duplicata de cette pièce demeure entre les mains du trésorier, comme justification de l'inscription qu'il fait, au registre-journal, de la somme qu'il a payée, avec l'autorisation du conseil, en vertu du présent article.

Vétérinaires.   **Art. 152.** Les articles 146, 147, 148, 149 et 150, sont applicables aux vétérinaires.

TITRE X.

DE LA MASSE INDIVIDUELLE.

CHAPITRE II.

DES RECETTES ET DÉPENSES DE LA MASSE.

Payement de l'avoir à la masse des hommes en congé illimité. — Cas où la masse est en débet.   **Art. 173.** L'avoir à la masse des hommes mis en congé illimité (déduction faite de l'excédent, s'ils sont présents) et des hommes qui sont absents du corps lorsqu'ils quittent le service, est envoyé aux premiers à l'époque de leur libération, et aux autres immédiatement après leur radiation du contrôle, lorsque le conseil, d'après les mandats qui ont dû leur être adressés, ou d'après d'autres documents authentiques, a pu vérifier s'il ne leur a pas été fait d'avances en argent ou en effets de petit équipement, depuis leur départ. A défaut de preuve ou d'avis officiel à cet égard, la certitude qu'ils n'ont reçu aucune avance est réputée acquise six mois après la date du congé illimité ou de la radiation.

Le montant des imputations dont ces hommes sont devenus passibles depuis leur départ du corps est porté en dépense dans la feuille de décompte spéciale (art. 187).

Si l'imputation à faire sur la masse de l'homme excède son avoir, la différence est versée à la masse individuelle par la masse générale d'entretien et portée en recette sur la feuille de décompte.

Cette dernière disposition est applicable au cas où l'homme dont la masse était en débet à l'époque de sa radiation des contrôles reçoit, après cette radiation, un payement ou une fourniture à titre d'avance.

Art. 174. L'avoir à la masse des hommes définitivement libérés du service, qui décèdent avant qu'il leur ait été payé, est acquis à leurs héritiers ou ayants droit, et versé (après les justifications et sous les réserves spécifiées en l'article 173) entre les mains des receveurs des finances ou des payeurs d'armée, au titre de la Caisse des dépôts et consignations, qui en demeure comptable.

Art. 175. Les envois ou versements de fonds à faire par les corps, en conformité des articles 173 et 174, s'effectuent, d'après le mode concerté et arrêté par le Ministre de la guerre et le Directeur général de la Caisse des dépôts et consignations.

Art. 183. L'avoir des hommes déserteurs, disparus ou prisonniers de guerre, et de ceux qui sont morts, soit dans une position de présence ou d'absence, soit dans la réserve, est versé à la masse générale d'entretien (2ᵉ portion).

ANNEXE N° 3.

(Art. 2 de l'Instruction générale sur le service des successions de militaires.)

—

EXTRAIT DU DÉCRET DU 18 FÉVRIER 1863

portant règlement sur la solde, les revues, l'administration et la comptabilité de la gendarmerie.

Versement à la Caisse des dépôts et consignations de l'avoir des militaires décédés.

ART. 680. Le traitement acquis aux officiers décédés et le produit de la vente des effets et des chevaux leur appartenant sont versés, sous la déduction des sommes qu'ils peuvent devoir à l'État, au corps ou à la compagnie, et, s'il y a lieu, des gages de domestiques, des frais de nourriture, de logement, de maladie et d'inhumation, entre les mains des receveurs des finances ou des payeurs d'armée, au titre de la Caisse des dépôts et consignations.

Le compte qui sert de base à ce versement, et à l'appui duquel doit rester le récépissé délivré au trésorier, fait connaître, le cas échéant, la cause de la différence entre le traitement intégral porté en dépense au registre-journal et la somme mentionnée dans ce récépissé.

Si la dette de l'officier décédé excède le montant de sa créance sur le corps ou la compagnie, le conseil constate cette circonstance dans un décompte explicatif qu'il adresse immédiatement au sous-intendant militaire, et que celui-ci transmet, avec ses observations, à l'intendant de la division territoriale ou du corps d'armée, qui le fait parvenir au Ministre en donnant son avis sur la légalité des imputations mises à la charge de la succession. Au bas du décompte doit être indiqué le dernier domicile du défunt et, autant que possible, celui de ses héritiers.

Un duplicata de cette pièce demeure entre les mains du trésorier, comme justification de l'inscription qu'il fait, au registre-journal, de la somme par lui payée, avec l'autorisation du conseil, en vertu du présent article.

Art. 681. Les dispositions qui précèdent sont également applicables en cas de décès des sous-officiers, brigadiers et gendarmes, avec cette différence que les sommes qui peuvent leur être dues à un titre quelconque, ainsi que le produit de la vente des effets militaires et des chevaux dont ils étaient pourvus, doivent être versés à leur masse individuelle.

L'excédent de cette masse, déduction faite des imputations autorisées, est versé à la Caisse des dépôts et consignations.

Art. 692. L'avoir à la masse des sous-officiers, brigadiers et gendarmes décédés dans une position de présence ou d'absence est acquis à leurs héritiers ou ayants droit, et versé entre les mains des receveurs des finances ou des payeurs d'armée, au titre de la Caisse des dépôts et consignations, qui en demeure comptable. Il en est de même pour l'avoir des hommes déserteurs disparus ou prisonniers de guerre.

Ces versements sont constatés par le receveur ou le payeur sur l'état nominatif établi pour le versement.

CAISSE
DES DÉPÔTS
ET
CONSIGNATIONS.

———

PIÈCES À PRODUIRE
par les héritiers
pour les
remboursements
de sommes
au-dessus de
cinquante francs.

———

Décret
du 1ᵉʳ juillet 1809.

ANNEXE N° 4.

(Art. 11 et 13 de l'Instruction générale sur le service des successions de militaires.)

———

SUCCESSIONS

DE MILITAIRES OU D'EMPLOYÉS DES ARMÉES.

§ 1ᵉʳ. Pour obtenir le remboursement d'une somme provenant de la succession d'un militaire ou d'un employé des armées, les héritiers transmettent à M. le Directeur général de la Caisse des dépôts et consignations, à Paris :

Une lettre de demande sur papier libre, qu'ils peuvent se dispenser d'affranchir ;

Un *certificat de propriété délivré par le juge de paix du dernier domicile du défunt*, sur l'attestation de deux témoins, constatant les nom, prénoms, qualité, l'époque et le lieu du décès du militaire ou de l'employé.

Ce certificat, rédigé sur *papier timbré, enregistré et légalisé,* devra énoncer les noms, prénoms, qualités et demeures des héritiers, ainsi que le degré de parenté, et déclarer qu'ils ont seuls le droit de toucher de la Caisse des dépôts et consignations toutes les sommes provenant de la succession du militaire ou de l'employé. Le même certificat indiquera en outre si le militaire ou l'employé est décédé célibataire ou veuf, ou laissant une veuve, et, dans ce dernier cas, si elle a droit, soit comme commune en biens, soit autrement, à la succession de son mari, et pour quelle portion, ou si elle n'y a aucun droit.

§ 2. S'il existe des mineurs, il y aura lieu d'indiquer la date de leur naissance, le nom de leur tuteur, et, en cas de tutelle dative, faire connaître la date de la délibération du conseil de famille qui a nommé le tuteur. Dans le cas où il s'agirait pour chacun d'eux d'une somme supérieure à 150 francs, il conviendra de mentionner la date de la délibération qui a autorisé l'acceptation au nom du mineur et la date de ladite acceptation au greffe du tribunal. (Ces deux dernières indications ne seraient pas nécessaires, si le payement était fait, par une même quittance, à un ou plusieurs cohéritiers majeurs, dans la même ligne ou au degré subséquent, habiles à recueillir la part du mineur en cas de renonciation.)

§ 3. Lorsque, après le décès du militaire ou de l'employé, il a été fait en France *un inventaire*, le certificat doit être délivré par le notaire dépositaire de la minute dudit inventaire. Si le militaire ou l'employé a laissé *un testament*, le certificat doit être délivré par le notaire dépositaire du testament. Il indiquera la forme du testament, et relatera, en cas de legs universel par testament authentique, l'acte de notoriété constatant que le défunt n'a pas laissé d'héritier à réserve légale, et, en cas de legs universel, par testament olographe ou mystique, l'acte de notoriété susénoncé et l'ordonnance d'envoi en possession rendue en conformité de l'article 1008 du Code civil. Le certificat sera délivré, dans ces deux cas, par le notaire seul, et sans l'attestation de témoins; mais il devra être enregistré et légalisé.

§ 4. Les héritiers indiqueront dans leur demande leur adresse et *le lieu où ils désirent que le remboursement soit effectué*, et si quelques-uns des ayants droit ne peuvent assister au payement, ils devront adresser à la Direction générale une procuration, soit notariée, soit sous signature privée, mais, dans ce dernier cas, enregistrée et légalisée par le maire et le préfet ou le sous-préfet.

§ 5. Lorsque les héritiers ne sauront pas signer, ils donneront *quittance à leurs frais*, par-devant notaire, toutes les fois que la somme à payer excédera *cent cinquante francs;* mais, lorsqu'elle sera de *cent cinquante francs et au-dessous*, le payement sera fait en présence de deux témoins, qui signeront la quittance, et dont la signature devra être certifiée par le comptable qui effectue le payement.

MINISTÈRE
DE LA GUERRE.

Annexe n° 5.

(Art. 17 et 19 de l'Instruction générale sur le service des successions de militaires.)

ARRÊTÉ

RELATIF AU PAYEMENT DES FONDS DE MASSE DES MILITAIRES CONGÉDIÉS.

Le Ministre de la Guerre,

Vu l'ordonnance royale du 10 mai 1844, portant règlement sur l'administration et la comptabilité des corps de troupes, et notamment l'article 175 ainsi conçu : « Les envois ou versements de fonds à faire « par les corps en conformité des articles 173 et 174, s'effectuent d'après « le mode concerté et arrêté par le Ministre de la guerre et le Direc- « teur général de la Caisse des dépôts et consignations. »

Après concert avec M. le Conseiller d'État, Directeur général de la Caisse des dépôts et consignations,

Arrête :

Le payement des fonds de masse dus aux militaires rentrés dans leurs foyers avant leur libération de l'armée active sera effectué par la Caisse des dépôts et consignations, après l'accomplissement des formalités indiquées dans les articles suivants :

Versement des fonds de masse; établissement des mandats.

Art. 1er. A l'appui de chaque versement opéré par les corps de troupes entre les mains des préposés de la Caisse des dépôts et consignations (trésoriers-payeurs généraux, receveurs des finances en France; trésoriers-payeurs en Algérie; caissier général de la Caisse des dépôts et consignations à Paris), il sera fourni un état conforme au modèle annexé à la circulaire du 16 août 1837, inséré au *Journal militaire* refondu, tome III, page 162.

Les mandats délivrés par les corps de troupes pour le payement des fonds de masse seront établis conformément au modèle inséré au *Journal militaire* refondu, tome IV, pages 174 et 175 (1).

L'état et les mandats seront soumis au visa du sous-intendant militaire ayant la surveillance administrative du corps. Ce fonctionnaire vérifiera si les pièces sont conformes aux modèles susvisés, si les indications portées sur l'état et les mandats concordent entre elles, notamment en ce qui concerne les dates et le domicile des militaires.

Art. 2. Les corps de troupes remettront au préposé de la Caisse des dépôts et consignations l'état nominatif, en opérant le versement de la somme à laquelle il s'élève.

Destination à donner à l'état nominatif et aux mandats.

Ils adresseront les mandats au sous-intendant militaire du département dans lequel les militaires ont leur domicile; celui-ci sera chargé de les faire remettre aux intéressés, par l'intermédiaire des maires de leur résidence.

De son côté, le préposé de la Caisse des dépôts et consignations transmettra *sans délai* à la Direction générale l'état fourni à l'appui du versement.

Art. 3. Les mandats sont payables quarante jours après leur date, par le préposé de la Caisse des dépôts et consignations le plus voisin du lieu indiqué sur le mandat comme étant le domicile du militaire congédié.

Payement des mandats.

Toutefois, aucun préposé de la Caisse ne devra payer un mandat de fonds de masse qu'après avoir reçu une autorisation préalable émanant de la Direction générale.

La Direction générale de la Caisse des dépôts et consignations, sur le vu des états nominatifs qui lui sont transmis, prend les dispositions nécessaires afin que l'autorisation mentionnée au paragraphe précédent parvienne au préposé chargé du payement avant l'expiration du délai de quarante jours indiqué sur le mandat.

Art. 4. Le militaire qui quittera le domicile indiqué sur le mandat dont il est porteur devra, pour en obtenir le payement, s'adresser di-

Militaires changeant de domicile; établissement de duplicatas.

---

(1) Tous les mandats étant payables quarante jours après leur émission, ce modèle devra être rectifié en conséquence. (Décision ministérielle du 24 janvier 1861.)

rectement, *sans affranchir*, au Directeur général de la Caisse des dépôts et consignations, à qui il fera connaître sa nouvelle résidence en lui transmettant son mandat. Une autorisation sera donnée au préposé du nouveau domicile du militaire, et le mandat communiqué sera renvoyé au maire de sa résidence, chargé de le lui faire remettre.

Les corps de troupes ne devront émettre de duplicatas de mandats de fonds de masse qu'après avoir reçu l'autorisation du Ministre de la guerre. Ils indiqueront dans leur demande la date de l'émission du pri mata.

Les mandats délivrés par duplicata devront rappeler la date de la décision ministérielle en vertu de laquelle ils ont été émis.

Dispositions transistoires. Art. 5. Cet arrêté sera exécutoire à partir du 1er juillet 1875.

A l'égard des mandats de masse délivrés avant cette date, le payement ne pourra en être effectué que sur une autorisation du Directeur général de la Caisse des dépôts et consignations.

A cet effet, les militaires remettront le mandat dont ils sont porteurs au comptable de leur résidence, qui sera chargé de le faire parvenir au Directeur général de la Caisse des dépôts et consignations.

Une autorisation de payement sera adressée au trésorier-payeur général, et renvoi sera fait, en même temps, du mandat de masse communiqué.

Versailles, le 19 juin 1875.

Signé Gal E. DE CISSEY.

Annexe n° 6.

(Art. 3o de l'Instruction générale sur le service des successions de militaires.)

ORDRE

À SUIVRE PAR LES PRÉPOSÉS POUR LE CLASSEMENT
DES MANDATS ACQUITTÉS.

ARMÉE DE TERRE.

Régiments d'infanterie de ligne..	1 à	144
Bataillons de chasseurs à pied...	1 à	3o
Régiments de zouaves...	1 à	4
———— de tirailleurs algériens..	1 à	3
Légion étrangère...	1	
Bataillons d'infanterie légère d'Afrique...	1 à	3
Compagnies de fusiliers de discipline	1 à	4
———— de pionniers de discipline...		
École de cavalerie de Saumur...		
Régiments de cuirassiers...	1 à	12
———— de dragons...	1 à	26
———— de chasseurs...	1 à	20
———— de hussards...	1 à	12
———— de chasseurs d'Afrique...	1 à	4
———— de spahis...	1 à	3
Compagnies de cavaliers de remonte...	1 à	8
Régiments d'artillerie...	1 à	38
———— de pontonniers...	1 à	2
Compagnies d'ouvriers d'artillerie...	1 à	10
———— d'artificiers...	1 à	5
Régiments de génie...	1 à	4
Escadrons du train des équipages...	1 à	20

ARMÉE DE MER.

MODÈLES

DE L'INSTRUCTION GÉNÉRALE

SUR LE SERVICE DES SUCCESSIONS DE MILITAIRES

ET DES FONDS DE MASSE DES MILITAIRES CONGÉDIÉS.

MODÈLE N° 1.

Article 11
de l'Instruction générale
sur
le service des successions
de militaires

CAISSE DES DÉPÔTS
ET CONSIGNATIONS.

MODÈLE DE CERTIFICAT
à fournir par les héritiers
pour
le remboursement
des sommes
de CINQUANTE FRANCS
ET AU-DESSOUS.

NOTA. Ce certificat pourra être rédigé sur papier libre ; *mais la signature du maire devra être légalisée* par le préfet du département ou le sous-préfet de l'arrondissement.

(A) Énoncer les nom, prénoms et qualité du décédé.

(B) On indiquera ici si le décès a eu lieu dans un hôpital militaire ou à l'armée, soit en France, soit à l'étranger.

(C) Énoncer les noms, prénoms et qualités des héritiers, et distinguer les majeurs des mineurs ; s'il y a des mineurs, dénommer leurs tuteurs et indiquer le degré de parenté, ainsi que la date de la délibération du conseil de famille par laquelle le tuteur a été nommé

SUCCESSIONS

DES MILITAIRES OU DES EMPLOYÉS DES ARMÉES.

Je soussigné, Maire de la commune d   arrondissement d   département d

Certifie que le nommé (A)

est décédé à (B)   le

qu'il a laissé pour seul héritier (C)

et que le   dit   susnommé   seul   droit de toucher toutes les sommes qui peuvent appartenir à la succession dudit

En foi de quoi j'ai délivré le présent certificat, pour servir et valoir au   susnommé   ce que de raison.

Fait à   , ce   18   .

Vu pour la légalisation de la signature de
M. le Maire de la commune d

A   , le   18   .

MINISTÈRE
DE LA GUERRE.

Article 848
de l'Ordonnance royale
du 19 mars 1823.

Année 18 .

MASSES INDIVIDUELLES.

(A) Indiquer ici le corps dans lequel les hommes servaient.

MODÈLE N° 2.

Article 17
de l'Instruction générale
sur
le service des successions
de militaires.

MONTANT
DU PRÉSENT ÉTAT
F.

ÉTAT NOMINATIF des sous-officiers et soldats congédiés qui, à raison de leur éloignement du corps, n'ont pu recevoir leur masse individuelle dans le lieu de la garnison.

NUMÉROS		NOMS et PRÉNOMS.	GRADES.	RÉSIDENCE.		SOMMES A PAYER		OBSERVATIONS. (c)
de la compagnie.	d			Communes.	Arrondissements.	par homme.	par département.	
		(B) DÉPARTEMENT D						(B) Inscrire, par ordre alphabétique, les hommes domiciliés dans le même département. Suivre le même ordre que pour la classification des départements entre eux.
								(c) Laisser la colonne d'observations en blanc.
		Total..............						

Certifié par nous, Membres du Conseil d'administration, le présent état s'élevant à la somme de   dont le montant a été versé à la Caisse des dépôts et consignations.

A   , le   18   .

Vu par nous, Sous-Intendant militaire
ayant l'inspection administrative du corps ,

Le Préposé de la Caisse des dépôts et consignations, soussigné, déclare avoir délivré ce jour récépissé de la somme de   montant de l'état ci-dessus.

A   , le   18   .

MINISTÈRE

DE LA GUERRE.

(A) Titre du corps.
(B) Nom, prénoms et grades du militaire, en caractères apparents.
(c) Le fondé de pouvoirs devra justifier de ses droits par une procuration, soit notariée, soit sous signature privée. Dans ce dernier cas, elle devra être légalisée par le maire et le préfet ou le sous-préfet.
(D) La date du mandat doit concorder avec celle du versement, et être mise en toutes lettres.

Observations importantes.

§ 1er.

Après trois ans de sa date, le présent mandat ne pourra être payé que sur une autorisation spéciale du Directeur général de la Caisse des dépôts et consignations.

§ 2.

Aucun mandat par duplicata ne peut être payé s'il ne contient la date de la décision de M. le Ministre de la guerre qui en a autorisé l'émission.

§ 3.

Si le militaire est décédé après l'époque de sa libération, ses héritiers auront droit à son fonds de masse. Ils devront à cet effet se pourvoir directement auprès du Directeur général de la Caisse des dépôts et consignations, à Paris, et lui transmettre les pièces justificatives de leurs droits, en se conformant aux indications mises au dos du présent mandat.

VU PAR NOUS,
Sous-Intendant militaire,

DÉCRET DU 10 OCTOBRE 1874.

Les hommes passant dans la disponibilité ou dans la réserve de l'armée active, avant d'avoir accompli effectivement cinq années de service, subissent sur leur avoir à la masse une retenue fixée uniformément à 12 fr. pour les hommes à pied et à 20 fr. pour les hommes à cheval, pour couvrir le Trésor des dépenses qui ne doivent pas rester à sa charge.

(A)

MODÈLE N° 3.

Art. 19, 25, 29
de l'Instruction générale
sur
le service des successions
de militaires.

MANDAT

payable à vue à la Caisse des dépôts et consignations
quarante jours après sa date.

(B)

Nous soussignés, Membres du Conseil d'administration d (A)
certifions que le nommé
(B) résidant dans la commune
d arrondissement d département
d est compris dans l'état nominatif remis
aujourd'hui au préposé de la Direction générale de la Caisse des dépôts et consignations à pour la somme
de
à laquelle s'élevait le résidu de la masse individuelle de ce militaire au moment où il a été congédié ; laquelle somme lui sera payée, ou à son fondé de pouvoirs (c), sur la remise du présent, par le préposé de la Direction générale de la Caisse des dépôts et consignations le *plus voisin du lieu de son domicile.*

A , le (D) 18 .

Les Membres du Conseil d'administration,

Pour acquit :

A , le 18

(A) La signature du maire devra être légalisée par le préfet du département ou le sous-préfet de l'arrondissement. Les certificats rédigés par les maires du département de la Seine sont seuls exempts de cette légalisation.

(B) Énoncer les nom, prénoms et qualités du décédé.

(C) On indiquera ici si le décès du militaire a eu lieu dans un hôpital ou dans ses foyers, en France ou à l'étranger.

(D) Énoncer les noms, prénoms et qualités des héritiers, et distinguer les majeurs des mineurs. S'il y a des mineurs, dénommer leurs tuteurs et indiquer le degré de parenté ainsi que la date de la délibération du conseil de famille par laquelle le tuteur a été nommé.

(Suite du Modèle n° 3).

CERTIFICAT

à produire par les héritiers, pour les sommes de cinquante francs et au-dessous.

Je soussigné, Maire de la commune d

arrondissement d   département d

certifie que le nommé (B)

est décédé à (C)

le   qu'il a laissé pour seul héritier

(D)

et que le dit susnommé seul droit de toucher toutes les sommes qui peuvent appartenir à la succession dudit.

En foi de quoi j'ai délivré le présent certificat, pour servir et valoir au susnommé ce que de raison.

Fait à   le   18   .

Vu pour la légalisation de la signature de M. le Maire de la commune de

A   le   18   .

NOTE DES JUSTIFICATIONS À PRODUIRE PAR LES HÉRITIERS

POUR LES SOMMES AU-DESSUS DE CINQUANTE FRANCS.

Un acte de notoriété passé devant notaire ou un certificat de propriété délivré par le juge de paix du canton du dernier domicile du défunt ; lesdits actes rédigés sur *papier timbré*, enregistrés et légalisés.

Si, après le décès du militaire, il y a eu en France un inventaire fait par un notaire, ou si le défunt a fait un testament, l'acte de notoriété devra être rédigé par le notaire dépositaire de la minute de l'inventaire ou du testament.

TABLE DES MATIÈRES.

CHAPITRE PREMIER.

CHAPITRE II.
MILITAIRES DÉCÉDÉS.

CHAPITRE III.
MILITAIRES CONGÉDIÉS.

ARTICLES de l'instruction.	MODÈLES.	PAGES.	NUMÉROS des MODÈLES.
11	Certificat à fournir par les héritiers pour le remboursement des sommes de 5o francs et au-dessous..........................	33	1
17	États nominatifs à établir par les chefs de corps pour le payement des fonds de masses..	34	2
19-25 29	Mandats de masse délivrés par les corps.....................	36 et 37	3